A

afternoon **la tarde**

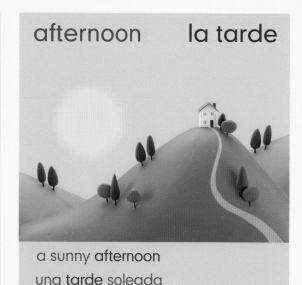

a sunny **afternoon**

una **tarde** soleada

all **todo** (m), **toda** (f), **todos, todas**

They are **all** playing music.

Todos están tocando música.

---

about **sobre**

He reads a book **about** school.

Lee un libro **sobre** la escuela.

again **otra vez**

The little girl bounces once and then **again**.

La niña bota una y **otra vez**.

alphabet **el alfabeto**

abcdefgh
ijklmnñopq
rstuvwxyz

---

after **después**

one **after** the other

una **después** de la otra

air **el aire**

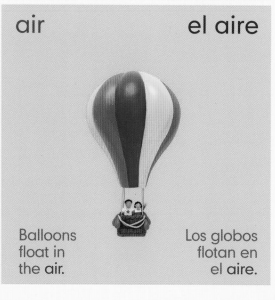

Balloons float in the **air**.

Los globos flotan en el **aire**.

always **siempre**

Tom **always** wears socks.

Tom **siempre** lleva calcetines.

ambulance
la ambulancia

animal   el animal

some farm animals   algunos animales de granja

ant   la hormiga

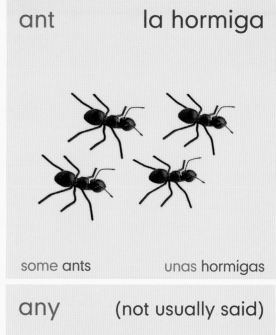

some ants   unas hormigas

angel   el ángel

ankle   el tobillo

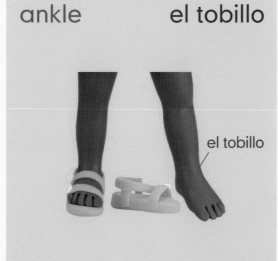

el tobillo

any   (not usually said)

Is there any soup?   ¿Hay sopa?

angry   enojado

This little girl looks angry.

Esta niña parece enojada.

another   otro (m), otra (f)

Danny wants another lemonade.   Danny quiere otra limonada.

apple   la manzana

are — son, están*

The monkeys **are** brown.
The monkeys **are** eating.

Los monos **son** marrones.
Los monos **están** comiendo.

asleep — dormido

Shhh! The little boy is **asleep**.

¡Silencio! El niño está **dormido**.

Bb

arm — el brazo

el brazo

astronaut — el/la astronauta

baby — el bebé

ask — preguntar

The little girl **asks** who's on the phone.

La niña **pregunta** quién está al teléfono.

awake — despierto

They are still **awake**.

Todavía están **despiertos**.

bad — mal, malo

The apple is **bad**.

La manzana está **mala**.

* In Spanish there are two ways of saying "are." Find out how they are used on page 67.

bag **la bolsa**	banana **el plátano**	beach **la playa**

 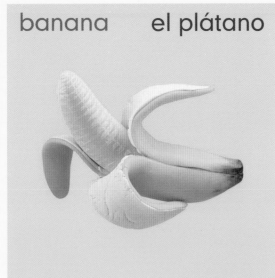 

ball **la pelota**	basket **la cesta**	bear **el oso**

balloon **el globo**	bath **el baño**	bed **la cama**

three **balloons** tres **globos**

She is taking a bath. Se está dando un baño.

bee la abeja

big grande

Swans are **big** birds.

Los cisnes son aves **grandes**.

bite el bocado

The boy is taking a bite.

El niño toma un bocado.

belt el cinturón

bird el pájaro

blanket la manta

bicycle la bicicleta

birthday el cumpleaños

a **birthday** cake
una tarta de **cumpleaños**

boat el bote, la lancha

bone el hueso

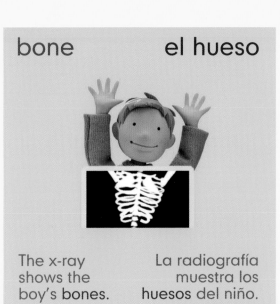

The x-ray shows the boy's bones.

La radiografía muestra los huesos del niño.

bowl el bol

The bowl is full.

El bol está lleno.

bread el pan

book el libro

box la caja

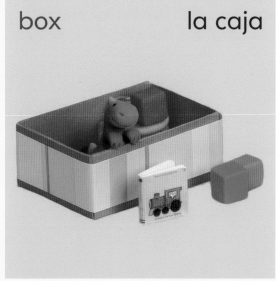

breakfast el desayuno

boots las botas

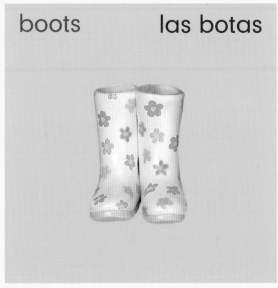

boy el niño, el chico

brother el hermano

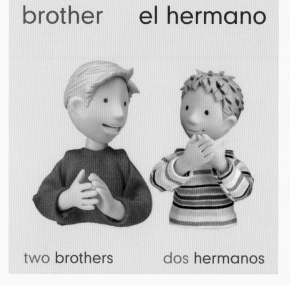

two brothers dos hermanos

brush — **el cepillo**

butterfly — **la mariposa**

Cc

build — **construir**

The men are **building** a wall.

Los hombres **construyen** un muro.

button — **el botón**

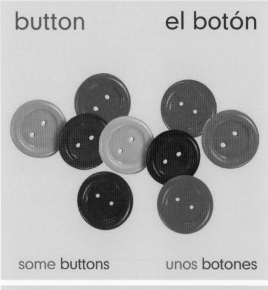

some **buttons** — unos **botones**

cake — **el pastel**

bus — **el autobús**

buy — **comprar**

He is **buying** a lollipop.

Está **comprando** una paleta.

can — **poder**

How many girls **can** you see?

¿Cuántas niñas **puedes** ver?

car — el coche

cat — el gato

cheese — el queso

carrot — la zanahoria

two carrots — dos zanahorias

catch — atrapar

"Catch!" says the boy.

"¡Atrápala!" dice el niño.

cherry — la cereza

red cherries — cerezas rojas

castle — el castillo

chair — la silla

chicken — el pollo

two chickens — dos pollos

chocolate

el chocolate

cloud

la nube

come

venir

The clown **comes** to Luke's house.

El payaso **viene** a casa de Luke.

clock

el reloj

coat

el abrigo

computer

la computadora

clothes

la ropa

warm **clothes**

ropa de abrigo

cold

frío

It's **cold** in winter.

En invierno hace **frío**.

cook

cocinar

Sam is **cooking**.

Sam **cocina**.

cow   **la vaca**

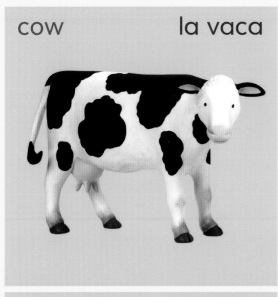

Dd

day   **el día**

The sun rises every **day**.

El sol sale cada **día**.

cry   **llorar**

The little boy is **crying**.
El niño está **llorando**.

dance   **bailar**

This girl loves to **dance**.

A esta niña le encanta **bailar**.

deep   **profundo**

Diggers make **deep** holes.
Las excavadoras hacen agujeros **profundos**.

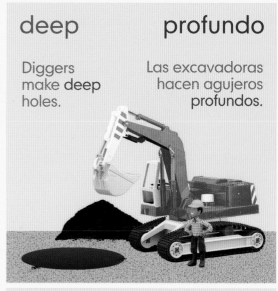

cup   **la taza**

dark   **oscuro**

It's **dark** outside.

Fuera está **oscuro**.

dentist   **el/la dentista**

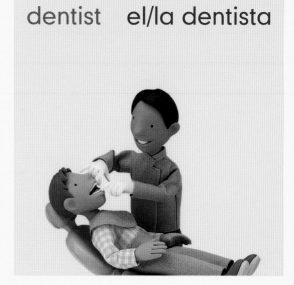

dig   cavar

Anna is digging a hole.

Anna está cavando un agujero.

dirty   sucio

The digger is dirty.

La excavadora está sucia.

dog   el perro

digger   la excavadora

do   hacer

There's lots to do at the beach.

En la playa se pueden hacer muchas cosas.

doll   la muñeca

dinosaur   el dinosaurio

doctor   el médico, el doctor

donkey   el burro

door — la puerta

dress — el vestido

drum — el tambor

This little boy is playing a **drum**.

Este niño está tocando el **tambor**.

dragon — el dragón

drink — la bebida

a cold **drink**   una **bebida** fría

dry — seco

The laundry is **dry**.

La colada está **seca**.

draw — dibujar

This little girl likes **drawing**.   A esta niña le gusta **dibujar**.

drive — manejar

This woman **drives** a red car.

Esta mujer **maneja** un coche rojo.

duck — el pato

Ee

ear   la oreja

egg   el huevo

three eggs   tres huevos

each   cada

Each child has a toy.   Cada niño tiene un juguete.

Earth   la Tierra

elbow   el codo

el codo

eagle   el águila (f)

eat   comer

This little boy is eating pasta.   Este niño come pasta.

elephant   el elefante

empty   vacío

The bathtub is empty.

La bañera está vacía.

Ff

family   la familia

end   el extremo

There's a girl at each end.

Hay una niña en cada extremo.

face   la cara

a smiling face   una cara sonriente

farm   la granja

eye   el ojo

fairy   el hada (f)

fast   rápido

This car goes very fast.
Este coche va muy rápido.

e f

fat — gordo

This cat is fat.

Este gato está gordo.

fire engine — el camión de bomberos

flag — la bandera

finger — el dedo

el dedo

firefighter — el bombero

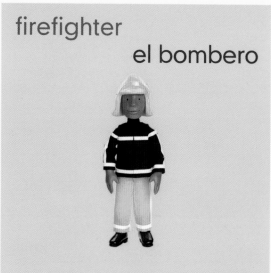

floor — el suelo

The floor is clean.

El suelo está limpio.

fire — el fuego

fish — el pez, (to eat) el pescado

lots of fish   muchos peces

flower — la flor

F

fly — volar

These birds
are **flying**.

Estos pájaros están **volando**.

forest — el bosque

friend — el amigo, la amiga

food — la comida

fork — el tenedor

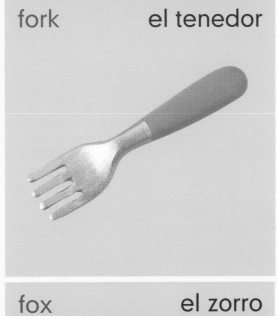

frog — la rana

foot — el pie

el pie

fox — el zorro

fruit — la fruta

Gg

gate — la portilla

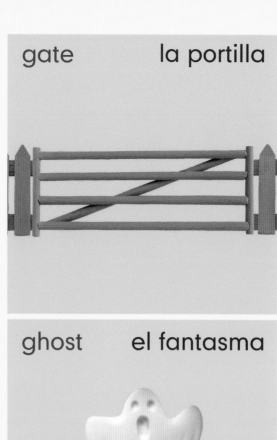

giraffe — la jirafa

two giraffes — dos jirafas

game — el juego

ghost — el fantasma

girl — la niña, la chica

three girls — tres niñas

garden — el jardín

giant — el gigante

give — dar

She **gives** her friend a present.
Le **da** un regalo a su amiga.

glass	el vaso

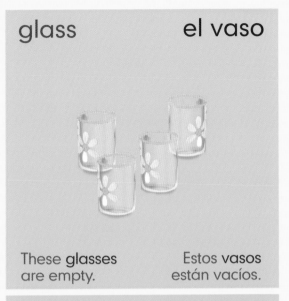

These glasses are empty.

Estos vasos están vacíos.

go	ir

This bus **goes** to the supermarket.

Este autobús **va** al supermercado.

goldfish	el pez de colores

glasses	las gafas

goat	la cabra

two **goats**   dos **cabras**

good	buen, bueno

These cupcakes are very **good**.

Estos pasteles están muy **buenos**.

gloves	los guantes

gold	el oro

goose	la oca

grapes   la uva

grow   crecer

These flowers **grow** quickly.

Estas flores **crecen** rápido.

Hh

grass   la hierba,
(lawn) **el césped**

grown-up   la persona mayor

a little boy and
a **grown-up**

un niño y
una **persona
mayor**

hair   el pelo

el pelo —

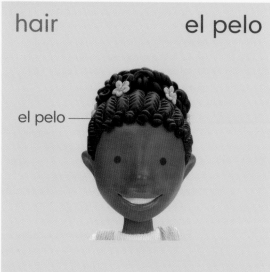

ground   el suelo

The little girl falls on the **ground**.

La niña se cae
al **suelo**.

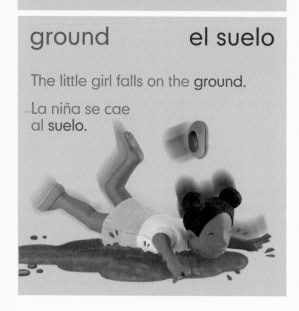

guinea pig   el conejillo de Indias

hamster   el hámster

hand   la mano

la mano

hat   el sombrero

helicopter

el helicóptero

happy   contento, feliz

head   la cabeza

help   ayudar

The little boy **helps** his dad with the shopping.

El niño **ayuda** a su padre a hacer la compra.

hard   duro

Stones are very **hard**.

Las piedras son muy **duras**.

hear   oír

Jack **hears** a noise.

Jack **oye** un ruido.

hide   esconderse

The clown is **hiding**.

El payaso se esconde.

21

hit · golpear

Lucy **hits** the ball.

Lucy **golpea** la pelota.

honey · la miel

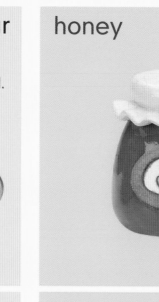

horse · el caballo

hole · el agujero

This cheese has **holes** in it.

Este queso tiene **agujeros**.

hood · la capucha

hospital · el hospital

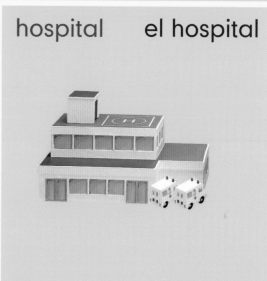

home · la casa

hop · saltar a la pata coja

Can you hop?

¿Sabes **saltar** a la pata coja?

hot · caliente

The pans are **hot**.

Las cazuelas están **calientes**.

house — la casa

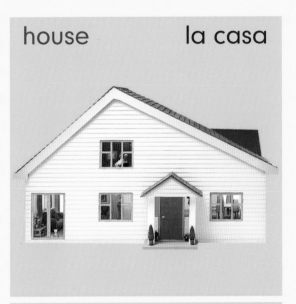

Ii

idea — la idea

John has an idea.

John tiene una idea.

hug — abrazar

Olly hugs his teddy bear.

Olly abraza a su osito.

ice — el hielo

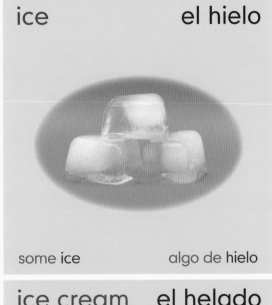

some ice

algo de hielo

if — si

If you go out, take your umbrella.

Si sales, toma tu paraguas.

hurt (be painful) doler

Mark's arm hurts.

A Mark le duele el brazo.

ice cream — el helado

ink — la tinta

green ink

tinta verde

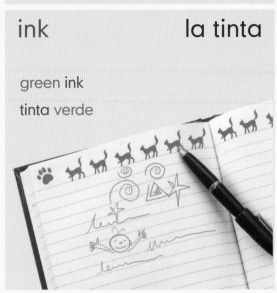

insect   el insecto

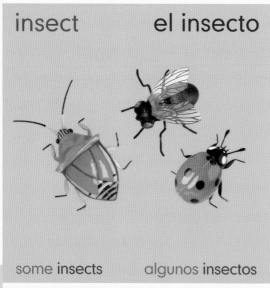

some insects   algunos insectos

is   es, está*

The soup is delicious.

La sopa está deliciosa.

J j

invitation   la invitación

Olivia invita a Francesca a su fiesta de cumpleaños el 13 de febrero a las 3 de la tarde.

island   la isla

jacket   la chaqueta

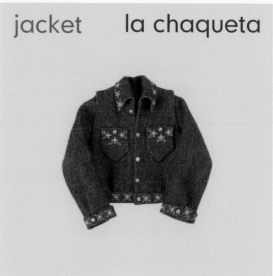

iron   la plancha

itch   picar

Fred's ear itches.

A Fred le pica la oreja.

jar   el frasco

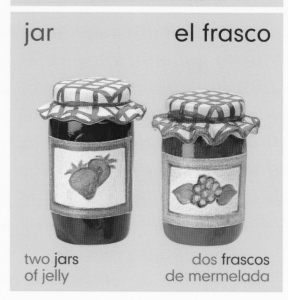

two jars of jelly   dos frascos de mermelada

* In Spanish there are two ways of saying "is."
Find out how they are used on page 67.

jeans   los vaqueros

jigsaw puzzle

el puzle

juice   el jugo

jewel   la piedra preciosa

There are jewels in the crown.

Hay piedras preciosas en la corona.

job   el trabajo

Vicky has a job as a vet.

Vicky tiene un trabajo como veterinaria.

jump   saltar

One cat jumps off the sofa.

Un gato salta del sofá.

jewelry   las joyas

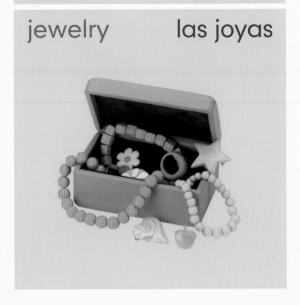

juggle   hacer malabarismos

The clown is juggling.

El payaso hace malabarismos.

jungle   la selva

i
j

Kk

key — la llave

kiss — el beso

His mom gives him a **kiss**.

Su mamá le da un **beso**.

kangaroo — **el canguro**

kick — patear

He **kicks** the ball.

Patea al balón.

kitchen — **la cocina**

ketchup — **la ketchup**

king — el rey

kite — la cometa

kitten   **el gatito**

five kittens   cinco gatitos

knee   **la rodilla**

— la rodilla

knife   **el cuchillo**

Ll

ladybug   **la mariquita**

lamb   **el cordero**

lamp   **la lámpara**

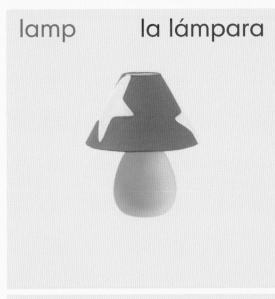

laugh   **reír**

These children are **laughing**.   Estos niños **ríen**.

leaf   **la hoja**

green **leaves**   **hojas** verdes

k
l

leg   **la pierna**

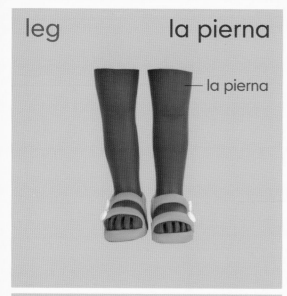

— la pierna

letter   **la letra**

This is the **letter** C.

Ésta es la **letra** C.

like   **gustar***

Cats **like** to play.

A los gatos les **gusta** jugar.

lemon   **el limón**

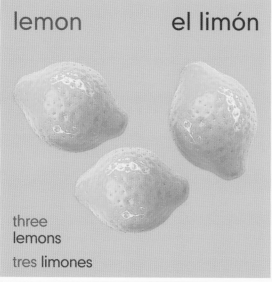

three lemons

tres limones

lie   **estar acostado**

Kirsty is lying in bed.

Kirsty **está acostada** en la cama.

lion   **el león**

let   **dejar**

Eve **lets** Bob play with her scooter.

Eve **deja** a Bob jugar con su patinete.

light   **la luz**

There is **light** during the day.

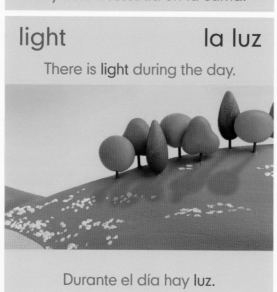

Durante el día hay **luz**.

lips   **los labios**

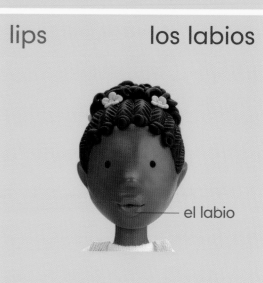

— el labio

* The words for **like** and **love** are the other way around in Spanish from English – as though you were saying "Playing pleases cats" instead of "Cats like playing."

L

28

listen — escuchar

Jack is listening.

Jack está escuchando.

long — largo

Amy has long hair.

Amy tiene el pelo largo.

loud — fuerte

WOOF, WOOF!

¡GUAU, GUAU!

a loud bark
un ladrido fuerte

little — pequeño

He's little.

Él es pequeño.

look (at) — mirar

They are looking at the picture.
Están mirando el dibujo.

love — encantar*

The children love painting.

A los niños les encanta pintar.

live — vivir

A family lives here.

Una familia vive aquí.

lots — mucho (m), mucha (f), muchos, muchas

Spot has lots of puppies.

Spot tiene muchos cachorritos.

lunch — el almuerzo

* The words for like and love are the other way around in Spanish from English – as though you were saying "Painting enchants the children" instead of "The children love painting."

29

Mm

make — hacer

They are making cakes.

Están haciendo pasteles.

mermaid — la sirena

machine — la máquina

a sewing machine

una máquina de coser

man — el hombre

mess — el desorden

magic — la magia

map — el mapa

milk — la leche

mirror   el espejo

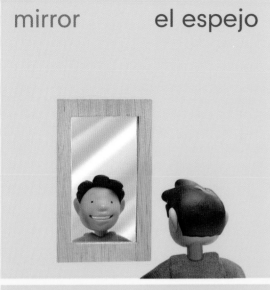

monster   el monstruo

morning   la mañana

a beautiful morning   una **mañana** preciosa

money   el dinero

moon   la luna

motorcycle   la moto

He's riding a motorcycle.

Va en **moto**.

monkey   el mono

more   más

Which arm has **more** birds on it?

¿En qué brazo hay **más** pájaros?

mountain   la montaña

m

mouse   **el ratón**

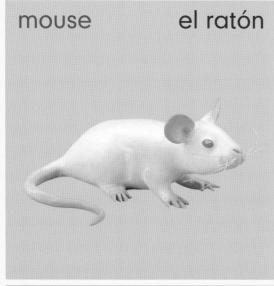

mud   **el barro**

This little girl has **mud** on her.

Esta niña tiene **barro** encima.

Nn

mouth   **la boca**

la boca

mushroom

el champiñón

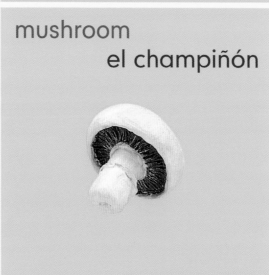

name   **el nombre**

Olivia

move   **mover**

Tom and Ian **move** the package.

Tom e Ian **mueven** el paquete.

music   **la música**

naughty   **travieso**

This dog is naughty.

Este perro es **travieso**.

near — cerca

The tractor is near the wall. — El tractor está cerca del muro.

need — necesitar

Sam needs boots today.

Hoy Sam necesita botas.

nest — el nido

a bird's nest — un nido de pájaro

neck — el cuello

el cuello

needle — la aguja

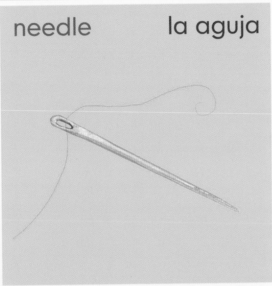

net — la red

a fishing net

una red de pescar

necklace — el collar

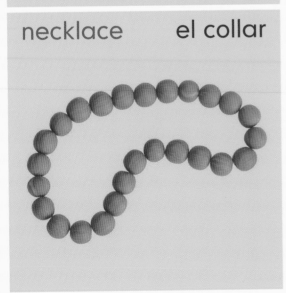

neighbor — el vecino

They are neighbors. — Son vecinos.

never — nunca

Never play with matches.

Nunca juegues con fósforos.

m
n

new — nuevo

a **new** bag — un bolso **nuevo**

nobody — nadie

Nobody lives here.
Nadie vive aquí.

not — no

He is **not** feeling well.
No se encuentra bien.

newspaper — el periódico

noise — el ruido

Babies make a lot of noise.
Los bebés hacen mucho **ruido**.

Waa! Waa!
¡Buaaa! ¡Buaaa!

nothing — nada

There's **nothing** in the box.
En la caja no hay **nada**.

night — la noche

a starry **night**

una **noche** estrellada

nose — la nariz

la nariz

now — ahora

There are four children **now**.
Ahora hay cuatro niños.

number **el número**

5

This is the **number** five.
Éste es el **número** cinco.

of **de**

a piece
of cake

un trozo
de pastel

nurse **el enfermero,
la enfermera**

Oo

o'clock (not usually said)

It's three **o'clock**
in the afternoon.

Son las tres
de la tarde.

often **a menudo**

She **often** takes
Spot for a walk.

Saca a Spot
de paseo **a menudo**.

nut **el fruto seco**

walnut
la nuez

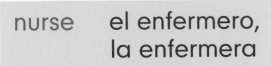

hazelnuts
las avellanas

peanuts
los cacahuates

octopus **el pulpo**

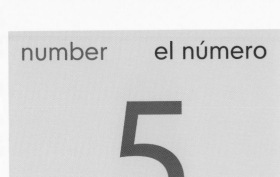

oil **el aceite**

n
o

35

old (people) anciano, (things) viejo

an old woman and an old man

una anciana y un anciano

only sólo

The orange cat has only one cushion.

El gato naranja tiene sólo un cojín.

orange la naranja

once una vez

He takes a shower once a day.

Se ducha una vez al día.

open abrir

Alice opens the door.

Alice abre la puerta.

other otro

Where is the other sock?

¿Dónde está el otro calcetín?

onion la cebolla

or o

Do you want pasta or soup?

¿Quieres pasta o sopa?

owl el búho

Pp

palace   **el palacio**

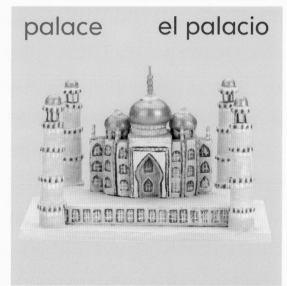

park   **el parque**

page   **la página**

She's turning the **page**.   Está pasando la página.

panda   **el panda**

party   **la fiesta**

paint   **pintar**

She is **painting**.

Está pintando.

paper   **el papel**

He's folding the **paper**.   Está plegando el papel.

pasta   **la pasta**

peach   el melocotón

pen   el bolígrafo

three pens   tres bolígrafos

people   la gente

There are lots of **people** at the market.

Hay mucha **gente** en el mercado.

pear   la pera

pencil   el lápiz

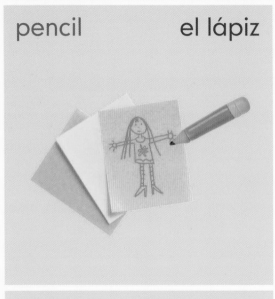

pet   la mascota

some pets

algunas **mascotas**

peas   los chícharos

penguin   el pingüino

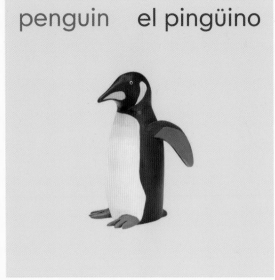

piano   el piano

picnic   **el picnic**

pillow   **la almohada**

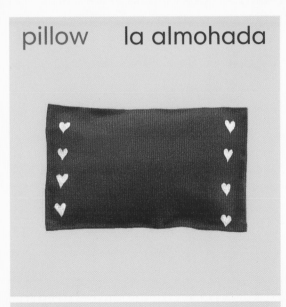

plane   **el avión**

picture   **el cuadro,**
(drawing) **el dibujo**

pirate   **el pirata**

These children are dressed as **pirates**.

Estos niños están disfrazados de **piratas**.

plant   **la planta**

piece   **el pedazo,
el trozo**

a **piece**
of cake

un **pedazo**
de pastel

pizza   **la pizza**

plate   **el plato**

There's food on this **plate**.

En este **plato** hay comida.

play · jugar

They are playing together.

Están jugando juntos.

pocket · el bolsillo

The little boy is putting his hands in his pockets.

El niño se mete las manos en los bolsillos.

present · el regalo

lots of presents

muchos regalos

playground · el patio de recreo

police officer · el/la policía

pretty · bonito

These flowers are pretty.

Estas flores son bonitas.

plum · la ciruela

potato · la papa

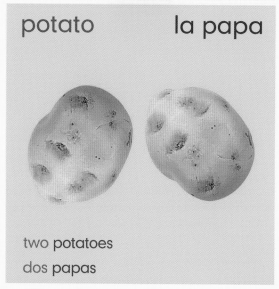

two potatoes

dos papas

princess · la princesa

prize — el premio

The **prize** is a silver cup.

El **premio** es una copa de plata.

puppy — el cachorro

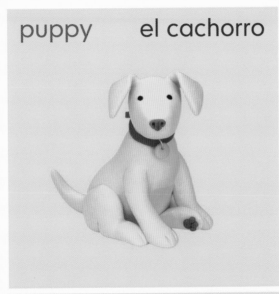

Qq

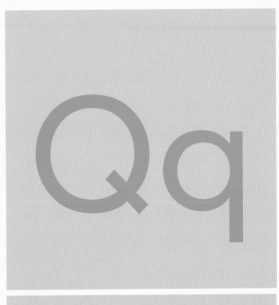

pull — tirar

The little boy **pulls** the donkey.

El niño **tira** del burro.

push — empujar

This little girl is **pushing** her doll's stroller.

Esta niña **empuja** la sillita de su muñeca.

queen — la reina

puppet — la marioneta

put (down) — posar

She **puts** the baby **down**.

Ella **posa** el bebé.

quiet — callado, silencioso

The baby is **quiet**.

El bebé está **callado**.

Rr

rain | la lluvia

rat | la rata

rabbit | el conejo

rainbow | el arco iris

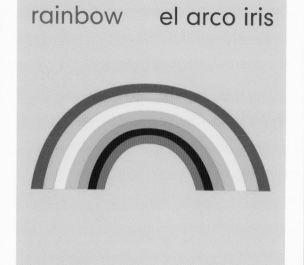

read | leer

Tia enjoys reading. | A Tia le gusta leer.

radio | la radio

raspberry | la frambuesa

some raspberries | unas frambuesas

remember | recordar, acordarse de

A list helps you remember what to buy. | Una lista te ayuda a recordar lo que necesitas comprar.

rice   el arroz

river   el río

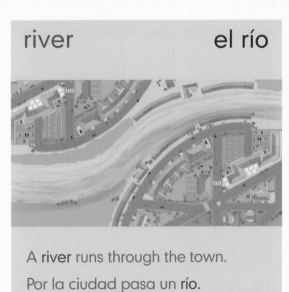

A **river** runs through the town.

Por la ciudad pasa un **río**.

rocket   el cohete

ride   montar a caballo

Emily likes riding.

A Emily le gusta **montar a caballo**.

road   la calle

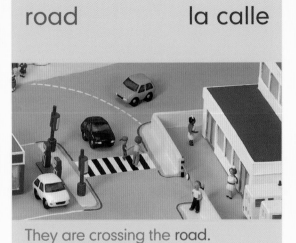

They are crossing the **road**.

Están cruzando la **calle**.

roof   el tejado

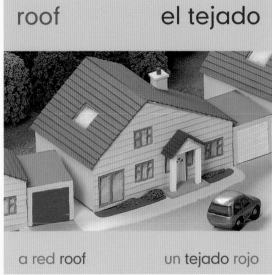

a red **roof**   un **tejado** rojo

ring   el anillo

three rings   tres anillos

robot   el robot

room   la habitación

This house has seven **rooms**.

Esta casa tiene siete **habitaciones**.

r

rope   la cuerda

Ss

sandwich

el sándwich

round   **redondo**

a **round** ball   una pelota **redonda**

sad   **triste**

This little boy looks **sad**.

Este niño parece **triste**.

say   **decir**

This woman **says**
she's lost her dog.

Esta mujer **dice** que
ha perdido a su perro.

run   **correr**

The dogs **run** fast.

Los perros **corren** rápido.

sand   **la arena**

They are playing in the **sand**.
Están jugando en la **arena**.

scarf   **la bufanda**

R
S

school **la escuela**

secret **el secreto**

Emily tells Lucy a **secret**.

Emily cuenta un **secreto** a Lucy.

share **compartir**

They are sharing the fruit.

Están **compartiendo** las frutas.

scissors **la tijera**

see **ver**

The firefighter **sees** a dog.

El bombero **ve** un perro.

sheep **la oveja**

sea **el mar**

sell **vender**

She **sells** fruit. Vende fruta.

ship **el barco**

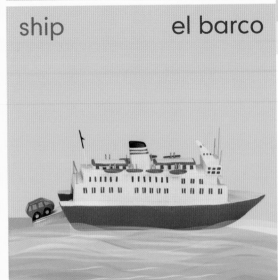

r
s

45

shoes · los zapatos

show · mostrar

Polly shows her dad her toy.

Polly **muestra** el juguete a su papá.

sister · la hermana

two **sisters**   dos **hermanas**

short · corto

This little girl has **short** hair.

Esta niña tiene el pelo **corto**.

silver · la plata

a **silver** necklace

un collar de **plata**

sit · estar sentado

They are **sitting**.   Están **sentados**.

shout · gritar

Tom and Luke are **shouting**.

¡FIDO!   ¡FIDO!

Tom y Luke están **gritando**.

sing · cantar

Annie loves **singing**.

A Annie le encanta **cantar**.

skin · la piel

This little boy's **skin** is pink.

La **piel** de este niño es rosa.

skirt	la falda	slow	lento	smile	sonreír

Tortoises are very **slow**.

Las tortugas son muy **lentas**.

They are **smiling**.
Están **sonriendo**.

sky	el cielo	small	pequeño	snail	el caracol

Planes fly in the **sky**.

Los aviones vuelan por el **cielo**.

The green fish is **small**.

El pez verde es **pequeño**.

sleep	dormir	smell	oler	snake	la serpiente

He wants to **sleep**.

The cat can **smell** the fish.

Quiere **dormir**.

El gato **huele** el pescado.

47

snow — la nieve

sofa — el sofá

These cats are sitting on the sofa.

Estos gatos están sentados en el sofá.

spider — la araña

so — tan

She is so surprised.

Está tan sorprendida.

soft — suave

a soft blanket

una manta suave

spoon — la cuchara

soap — el jabón

some — algo de, algunos (m), algunas (f)*

some bread
some flour
some eggs

algo de pan
algo de harina
algunos huevos

stand — estar de pie

These people are all standing.

Estas personas están todas de pie.

S

* You use **algo de** for things you can't count, such as flour, and **algunos** or **algunas** for things you can count, such as eggs.

star — **la estrella**

shiny **stars**
estrellas brillantes

story — **la historia**

a **story** about firefighters

"Nuestro perro está atrapado dentro," dice la señora al bombero.

una **historia** sobre bomberos

sun — **el sol**

start — **empezar**

The party **starts** at 3 o'clock.

La fiesta **empieza** a las tres.

strawberry — **la fresa**

supermarket — **el supermercado**

stop — **parar**

Cars have to **stop** here.

Los coches deben **parar** aquí.

street — **la calle**

swim — **nadar**

This little boy loves **swimming**.
A este niño le encanta **nadar**.

s

Tt

take   **tomar**

He **takes** the box.

Él **toma** la caja.

teacher   **el profesor, la profesora**

table   **la mesa**

talk   **hablar**

They are **talking** to each other.

Están **hablando** una con otra.

teddy bear   **el osito de peluche**

tail   **el rabo**

The dog is wagging his **tail**.

El perro menea el **rabo**.

tall   **alto**

Emily is **tall** for her age.

Emily es **alta** para su edad.

teeth   **los dientes**

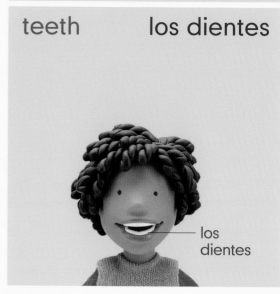

los dientes

telephone el teléfono

He is on the **telephone**.

Está al **teléfono**.

throw lanzar

He is **throwing** a snowball.

Está **lanzando** una bola de nieve.

time la hora

What **time** is it?

¿Qué **hora** es?

television la televisión

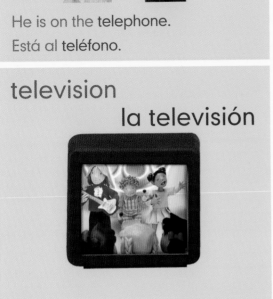

thumb el pulgar

el pulgar

tired cansado

He is very **tired**.

Está muy **cansado**.

thing la cosa

There are lots of things on the table.

Hay muchas **cosas** sobre la mesa.

tiger el tigre

toe el dedo del pie

el dedo del pie

t

tomato	el tomate	town	la ciudad	train	el tren

tongue	la lengua	toy	el juguete	tree	el árbol

— la lengua

towel	la toalla	tractor	el tractor	truck	el camión

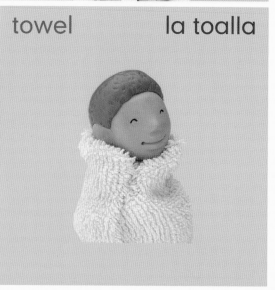

T
U
V

U u

ugly — feo

This fish is ugly.

Este pez es feo.

umbrella — el paraguas

V v

vase — el jarrón

a vase of flowers

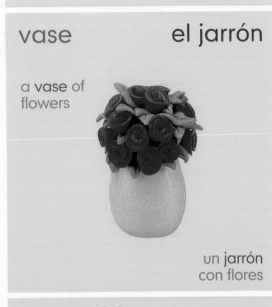

un jarrón con flores

vegetables — las verduras

very — muy

Firefighters are very brave.

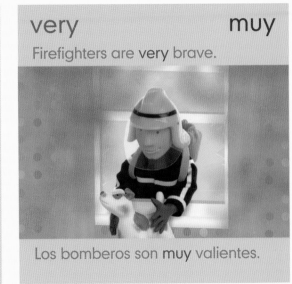

Los bomberos son muy valientes.

visit — visitar

A clown is visiting Paul's house.

Un payaso visita la casa de Paul.

voice — la voz

t
u
v

Ww

walk — caminar

The little boy is walking with his mom.

El niño camina con su mamá.

warm — caliente, (clothes) de abrigo

warm clothes
ropa de abrigo

wait — esperar

They are all waiting.

Están todos esperando.

wall — el muro

They are building a wall.

Construyen un muro.

wash — (things) lavar, (in bathtub) bañarse

He is washing himself.

Está bañándose.

wake up — despertarse

It's time to wake up!

¡Es hora de despertarse!

want — querer

The puppy wants to play.

El cachorro quiere jugar.

watch — el reloj

water el agua (f)	wet mojado	whisper susurrar

This man is all wet!

¡Este hombre está todo mojado!

The little boy is whispering.

El niño susurra.

wave saludar	whale la ballena	win ganar

They are **waving** to their friends.

Están **saludando** a sus amigos.

Who is **winning**?

¿Quién va **ganando**?

wear llevar	wheel la rueda	window la ventana

Chefs wear hats.

Los chefs **llevan** gorro.

w

wing — el ala (f)

This insect has big wings.

Este insecto tiene **alas** grandes.

work — trabajar

They **work** in a restaurant.

Trabajan en un restaurante.

Xx

with — con

Amy is **with** her mom.

Amy está **con** su mamá.

worm — la lombriz

x-ray — la radiografía

woman — la mujer

write — escribir

She is **writing** her name.
Está **escribiendo** su nombre.

xylophone — el xilófono

W
X
Y
Z

Yy

yet   **todavía, aún**

This baby can't walk yet.

Este bebé todavía no sabe caminar.

Zz

yawn   **bostezar**

He is yawning.

Está bostezando.

yogurt   **el yogur**

zebra   **la cebra**

year   **el año**

This little girl is seven years old.

Esta niña tiene siete años.

young   **joven**

A foal is a young horse.

Un potro es un caballo joven.

zipper   **el cierre**

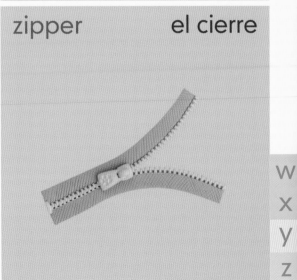

W
X
Y
Z

Where are they?

¿Dónde están?

These two pages show some words you use when you want to say where someone or something is.

behind — detrás

Andrew is behind Lola.

Andrew está detrás de Lola.

in — en

in the drawer — en el cajón

above — por encima

They are flying above the clouds.

Vuelan por encima de las nubes.

between — entre

Sam is between two grown-ups.

Sam está entre dos personas mayores.

in front — delante

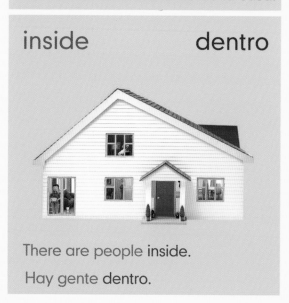

The cars are in front of the house.

Los coches están delante de la casa.

around — alrededor

They are sitting around the table.

Están sentados alrededor de la mesa.

here/there — aquí/allí

I'm here, he's over there.

Yo estoy aquí, él está allí.

inside — dentro

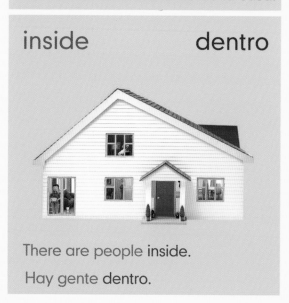

There are people inside.

Hay gente dentro.

into   en

Ann puts the duckling into the pond.

Ann mete el patito en el estanque.

opposite   frente a

Tom is sitting opposite Leah.

Tom está sentado frente a Leah.

to/from   a/de

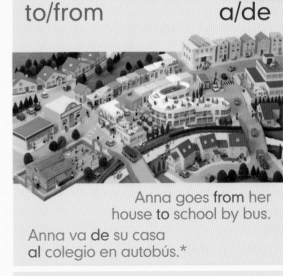

Anna goes from her house to school by bus.

Anna va de su casa al colegio en autobús.*

next to   al lado de

Patch is sitting next to Ted.

Patch está sentado al lado de Ted.

outside   fuera

These people are outside.

Estas personas están fuera.

under   debajo

under the table   debajo de la mesa

on   en, sobre

The little girl is lying on the doctor's table.

La niña está acostada sobre la camilla.

over   por encima

The lamb jumps over the flowers.

El cordero salta por encima de las flores.

up/down   arriba/abajo

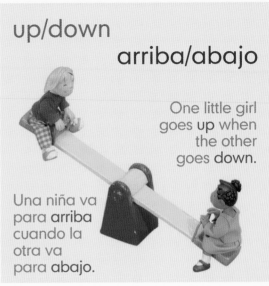

One little girl goes up when the other goes down.

Una niña va para arriba cuando la otra va para abajo.

* De + el becomes del, and a + el becomes al.

59

I, you, he, she
Yo, tú, él, ella

This page shows some words you use when you want to talk about yourself, other people or things.*

he — él

He has a sister.

Él tiene una hermana.

we — nosotros (m), nosotras (f)

We each have a bag.

Nosotras tenemos un bolso cada una.

I — yo

I have a brother.

Yo tengo un hermano.

she — ella

She has a doll.

Ella tiene una muñeca.

you — ustedes

Are you all sitting?

¿Todos ustedes estáis sentados?

you — tú

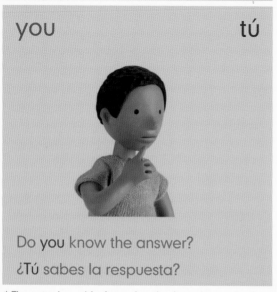

Do you know the answer?

¿Tú sabes la respuesta?

it — él (m), ella (f)

It has a shell. It is hard.

Tiene una concha. Es dura.

they — ellos (m), ellas (f)

They have lots of dogs.
They are all very cute.

Ellas tienen muchos perros.
Son todos muy monos.

* The actual word for I, you, he, she, it, and so on, is often not used: you can say Yo tengo un hermano or Tengo un hermano.

Questions

Las preguntas

This page shows some of the words you can use when you want to ask a question about something.

what — qué

What are you reading?

¿Qué lees?

which — qué, cuál

Which dog do you like best?

¿Qué perro te gusta más?

how — cómo

How do you make a cake?

¿Cómo haces un pastel?

when — cuándo

When does the bus arrive?

¿Cuándo llega el autobús?

who — quién

Who is singing?

¿Quién canta?

how many — cuántos (m), cuántas (f)

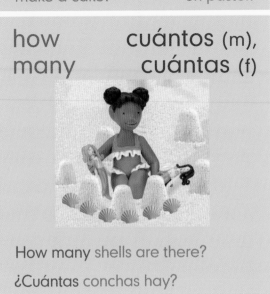

How many shells are there?

¿Cuántas conchas hay?

where — dónde

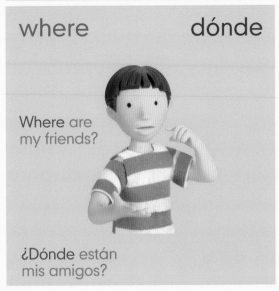

Where are my friends?

¿Dónde están mis amigos?

why — por qué

Why is Laura sad?

¿Por qué está triste Laura?

Colors   Los colores

white
blanco*

blue
azul (m, f)

yellow
amarillo

purple
morado

pink
rosa (m, f)

green
verde (m, f)

orange
naranja (m, f)

red
rojo

gray
gris (m, f)

black
negro

brown
marrón (m, f)

Shapes   Las formas

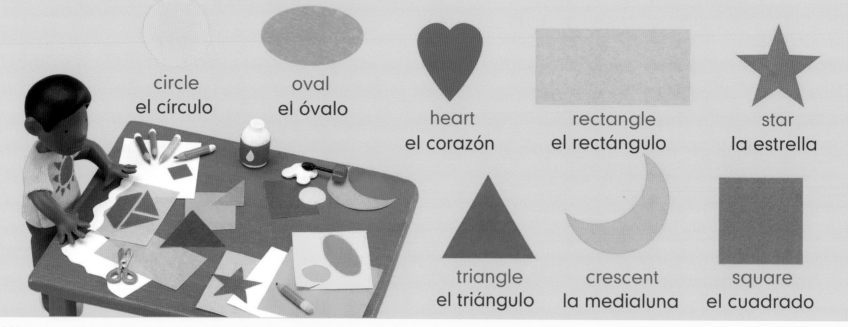

circle
el círculo

oval
el óvalo

heart
el corazón

rectangle
el rectángulo

star
la estrella

triangle
el triángulo

crescent
la medialuna

square
el cuadrado

* Most color words are regular adjectives and work in the same way
as the examples on page 66. **Rosa** and **naranja**, as well as **azul**, **verde**,
gris and **marrón**, stay the same for both masculine and feminine nouns.

62

Numbers　Los números

one	uno	
two	dos	
three	tres	
four	cuatro	
five	cinco	
six	seis	
seven	siete	
eight	ocho	
nine	nueve	
ten	diez	

Months
Los meses

January	enero
February	febrero
March	marzo
April	abril
May	mayo
June	junio
July	julio
August	agosto
September	septiembre
October	octubre
November	noviembre
December	diciembre

Days
Los días de la semana

Monday	lunes
Tuesday	martes
Wednesday	miércoles
Thursday	jueves
Friday	viernes
Saturday	sábado
Sunday	domingo

Seasons
Las estaciones del año

spring	la primavera
summer	el verano
fall	el otoño
winter	el invierno

Using your dictionary

When you have looked up a word, here are some things you can find out.

drink	la bebida

You can see the Spanish translation of the word.

a cold **drink**   una **bebida** fría

You can see a picture of the word, or a way of using the word.

eagle	el águila (f)

The letter f in parentheses tells you that the word is feminine.

fairy	el hada (f)

Masculine or feminine?

In Spanish, all nouns, or "naming" words such as "boy" and "house," are either masculine or feminine. The Spanish word for "the" is <u>el</u> for masculine nouns and <u>la</u> for feminine nouns. The Spanish word for "a" or "an" is <u>un</u> for masculine nouns and <u>una</u> for feminine nouns.

Almost all nouns ending in **o** are masculine, and almost all ending in **a** are feminine, but there are some exceptions so it's a good idea to learn the words together with <u>el</u> or <u>la</u>.

You also use <u>el</u> before some feminine nouns beginning with **a** or **ha**; these are shown with (f) in the dictionary.

Plurals

"Plural" means "more than one." The Spanish for "the" when you are talking about more than one is <u>los</u> for masculine nouns and <u>las</u> for feminine nouns. You also add <u>s</u> at the end of the noun, as you do in English:

boy	el niño
boys	los niños

If the noun ends in a consonant, you add <u>es</u>:

mouse	el ratón
mice	los ratones

For nouns ending in z, you change the <u>z</u> to <u>ces</u> in the plural:

pencil	el lápiz
pencils	los lápices

Adjectives

"Describing" words, such as "small," "cold" or "happy," are adjectives.

In English, adjectives go before the noun they are describing; in Spanish, they almost always go after the noun.

In English, an adjective is always spelled the same way, whatever it is describing. In Spanish, the endings of an adjective change, depending on whether the noun it is describing is masculine or feminine, singular or plural.

For example, the Spanish word for "empty" is "vacío":

> an empty glass   un vaso vacío

For a feminine noun, you change the o at the end of the adjective to a:

> an empty bag   una bolsa vacía

For masculine plurals, you add s to the end of the adjective:

> empty jars   frascos vacíos

For feminine plurals, you change the ending to as:

> empty boxes   cajas vacías

If an adjective ends in e, it is the same for both masculine and feminine nouns. For plurals, you just add s:

> hot air   aire caliente
> hot water   agua caliente
> hot plates   platos calientes
> hot drinks   bebidas calientes

If an adjective ends in any other letter, it is the same for both masculine and feminine nouns. For plurals, you add es:

> a blue dress   un vestido azul
> a blue cup   una taza azul
> blue pencils   lápices azules
> blue flowers   flores azules

Some very common adjectives can go before the noun, especially "bueno" and "malo." When they do, they are shortened to "buen" and "mal" before masculine nouns:

> a good book   un buen libro
> a bad idea   una mala idea

You might see "gran" before the noun in some street or place names (Gran Via, Gran Canaria) but normally you'd use "grande" after the noun:

> a big car   un coche grande
> a big house   una casa grande

Verbs

"Doing" words, such as "walk" or "laugh," are called verbs. In English, verbs don't change very much, whoever is doing them:

I walk	we walk
you walk	you walk
he walks	they walk
she walks	

In Spanish, the endings change much more. Many verbs work in a similar way to the one below. The verb is in the present – the form you use to talk about what's happening now. (You generally don't need the words for "I," "you" and so on, as you can tell from the verb who is doing it.)

to sing	cantar
I sing	canto
you sing*	cantas
he sings	canta
she sings	canta
we sing	cantamos
you sing*	cantan
they sing	cantan

When you look up a verb in the dictionary, you will find the "to" form, together with a sentence or phrase that shows how the verb can be used. All these sentences use the verb in the present.

The verbs for "to be"

In Spanish, there are two verbs which mean "to be": ser and estar.

to be (1)	ser
I am	soy
you are*	eres
he is	es
she is	es
we are	somos
you are*	sois
they are	son

to be (2)	estar
I am	estoy
you are*	estás
he is	está
she is	está
we are	estamos
you are*	están
they are	están

You use ser for things that don't change:

Swans are big birds.	Los cisnes son aves grandes.
This is the number 5.	Éste es el número cinco.

You use estar for things that can change:

These glasses are empty.	Estos vasos están vacíos.
The cars are in front of the house.	Los coches están delante de la casa.

* In Spanish, you use "tu" for one person, usually someone you know. (For someone you don't know, you can use "usted," but it is very formal.) You use "ustedes" for more than one person.

Spanish word list

a	to	la almohada	pillow
a menudo	often	el almuerzo	lunch
abajo	down	alrededor	around
la abeja	bee	alto	tall
abrazar	to hug	amarillo	yellow
el abrigo	coat	la ambulancia	ambulance
abril	April	la amiga	friend (f)
abrir	to open	el amigo	friend (m)
el aceite	oil	anciano	old (person)
acordarse de	to remember	el ángel	angel
agosto	August	el anillo	ring
el agua (f)	water	el animal	animal
el águila (f)	eagle	el año	year
la aguja	needle	aquí	here
el agujero	hole	la araña	spider
ahora	now	el árbol	tree
el aire	air	el arco iris	rainbow
al lado de	next to	la arena	sand
el ala (f)	wing	arriba	up
el alfabeto	alphabet	el arroz	rice
algo de	some (uncountable)	el astronauta	astronaut (m)
algunos, algunas	some (countable)	la astronauta	astronaut (f)
allí	there	atrapar	to catch

aún	yet	el bosque	forest
el autobús	bus	bostezar	to yawn
el avión	plane	las botas	boots
ayudar	to help	el bote	boat
azul	blue	el botón	button
bailar	to dance	el brazo	arm
la ballena	whale	buen, bueno	good
bañarse	to wash (yourself)	la bufanda	scarf
la bandera	flag	el búho	owl
el baño	bath	el burro	donkey
el barco	ship	el caballo	horse
el barro	mud	la cabeza	head
el bebé	baby	la cabra	goat
la bebida	drink	el cachorro	puppy
el beso	kiss	cada	each
la bicicleta	bicycle	la caja	box
blanco	white	caliente	warm, hot
la boca	mouth	callado	quiet
el bocado	bite	la calle	road, street
el bol	bowl	la cama	bed
el bolígrafo	pen	caminar	to walk
la bolsa	bag	el camión	truck
el bolsillo	pocket	el camión de bomberos	fire engine
el bombero	firefighter	el canguro	kangaroo
bonito	pretty	cansado	tired

cantar	to sing	la ciruela	plum
la capucha	hood	la ciudad	town
la cara	face	el coche	car
el caracol	snail	la cocina	kitchen
la casa	house, home	cocinar	to cook
el castillo	castle	el codo	elbow
cavar	to dig	el cohete	rocket
la cebolla	onion	el collar	necklace
la cebra	zebra	comer	to eat
el cepillo	brush	la cometa	kite
cerca	near	la comida	food
la cereza	cherry	cómo	how
el césped	grass, lawn	compartir	to share
la cesta	basket	comprar	to buy
el champiñón	mushroom	la computadora	computer
la chaqueta	jacket	con	with
la chica	girl	el conejillo de Indias	guinea pig
los chícharos	peas	el conejo	rabbit
el chico	boy	construir	to build
el chocolate	chocolate	contento	happy
el cielo	sky	el corazón	heart
el cierre	zipper	el cordero	lamb
cinco	five	correr	to run
el cinturón	belt	corto	short
el círculo	circle	la cosa	thing

crecer	to grow
el cuadrado	square
el cuadro	picture
cuál	which
cuándo	when
cuántos, cuántas	how many
cuatro	four
la cuchara	spoon
el cuchillo	knife
el cuello	neck
la cuerda	rope
el cumpleaños	birthday
dar	to give
de	from, of
de abrigo	warm (clothes)
debajo	under
decir	to say
el dedo	finger
el dedo del pie	toe
dejar	to let
delante	in front
el dentista	dentist (m)
la dentista	dentist (f)
dentro	inside
el desayuno	breakfast

el desorden	mess
despertarse	to wake up
despierto	awake
después	after
detrás	behind
el día	day
dibujar	to draw
el dibujo	drawing, picture
diciembre	December
los dientes	teeth
diez	ten
el dinero	money
el dinosaurio	dinosaur
el doctor	doctor
doler	to hurt
domingo	Sunday
dónde	where
dormido	asleep
dormir	to sleep
dos	two
el dragón	dragon
duro	hard
él	he, it
el elefante	elephant
ella	she, it

ellos, ellas	they	la falda	skirt
empezar	to start	la familia	family
empujar	to push	el fantasma	ghost
en	in, into, on	febrero	February
encantar	to delight	feliz	happy
enero	January	feo	ugly
la enfermera	nurse (f)	la fiesta	party
el enfermero	nurse (m)	la flor	flower
enojado	angry	la frambuesa	raspberry
entre	between	el frasco	jar
es	is	frente a	opposite
esconderse	to hide	la fresa	strawberry
escribir	to write	frío	cold
escuchar	to listen	la fruta	fruit
la escuela	school	el fruto seco	nut
el espejo	mirror	el fuego	fire
esperar	to wait	fuera	outside
está	is	fuerte	strong, loud
están	are	las gafas	glasses
estar acostado	to lie	ganar	to win
estar de pie	to stand	el gatito	kitten
estar sentado	to sit	el gato	cat
la estrella	star	la gente	people
la excavadora	bulldozer, digger	el gigante	giant
el extremo	end	el globo	balloon

golpear	to hit	el hospital	hospital
gordo	fat	el hueso	bone
grande	big	el huevo	egg
la granja	farm	la idea	idea
gris	gray	el insecto	insect
gritar	to shout	el invierno	winter
los guantes	gloves	la invitación	invitation
gustar	to please	ir	to go
la habitación	room	la isla	island
hablar	to talk	el jabón	soap
hacer	to do, to make	el jardín	garden
hacer malabarismos	to juggle	el jarrón	vase
el hada (f)	fairy	la jirafa	giraffe
el hámster	hamster	joven	young
el helado	ice cream	las joyas	jewelry
el helicóptero	helicopter	el juego	game
la hermana	sister	jueves	Thursday
el hermano	brother	jugar	to play
el hielo	ice	el jugo	juice
la hierba	grass	el juguete	toy
la historia	story	julio	July
la hoja	leaf	junio	June
el hombre	man	la ketchup	ketchup
la hora	time	los labios	lips
la hormiga	ant	la lámpara	lamp

la lancha	small boat	la mano	hand
lanzar	to throw	la manta	blanket
el lápiz	pencil	la manzana	apple
largo	long	el mapa	map
lavar	to wash	la máquina	machine
la leche	milk	el mar	sea
leer	to read	la marioneta	puppet
la lengua	tongue	la mariposa	butterfly
lento	slow	la mariquita	ladybug
el león	lion	marrón	brown
la letra	letter	martes	Tuesday
el libro	book	marzo	March
el limón	lemon	más	more
la llave	key	la mascota	pet
llevar	to wear	mayo	May
llorar	to cry	la medialuna	crescent
la lluvia	rain	el médico	doctor
la lombriz	worm	el melocotón	peach
la luna	moon	la mesa	table
lunes	Monday	la miel	honey
la luz	light	miércoles	Wednesday
la magia	magic	mirar	to look (at)
mal, malo	bad	mojado	wet
la mañana	morning	el mono	monkey
manejar	to drive	el monstruo	monster

la montaña	mountain	la noche	night
montar a caballo	to ride	el nombre	name
morado	purple	nosotros, nosotras	we
mostrar	to show	noviembre	November
la moto	motorcycle	la nube	cloud
mover	to move	nueve	nine
mucho, mucha, muchos, muchas	lots	nuevo	new
la mujer	woman	el número	number
la muñeca	doll	nunca	never
el muro	wall	o	or
la música	music	la oca	goose
muy	very	ocho	eight
nada	nothing	octubre	October
nadar	to swim	oír	to hear
nadie	nobody	el ojo	eye
la naranja	orange (fruit)	oler	to smell
naranja	orange (color)	la oreja	ear
la nariz	nose	el oro	gold
necesitar	to need	oscuro	dark
negro	black	el osito de peluche	teddy bear
el nido	nest	el oso	bear
la nieve	snow	el otoño	fall
la niña	little girl	otra vez	again
el niño	little boy	otro, otra	other, another
no	not	el óvalo	oval

la oveja	sheep	el pez	fish
la pagina	page	el pez de colores	goldfish
el pájaro	bird	el piano	piano
el palacio	palace	picar	to itch
el pan	bread	el picnic	picnic
el panda	panda	el pie	foot
la papa	potato	la piedra preciosa	jewel
el papel	paper	la piel	skin
el paraguas	umbrella	la pierna	leg
parar	to stop	el pingüino	penguin
el parque	park	pintar	to paint
la pasta	pasta	el pirata	pirate
el pastel	cake	la pizza	pizza
patear	to kick	la plancha	iron
el patio de recreo	playground	la planta	plant
el pato	duck	la plata	silver
el pedazo	piece	el plátano	banana
el pelo	hair	el plato	plate
la pelota	ball	la playa	beach
pequeño	small, little	poder	can
la pera	pear	el policía	police officer (m)
el periódico	newspaper	la policía	police officer (f)
el perro	dog	el pollo	chicken
la persona mayor	grown-up	por encima	over, above
el pescado	fish (to eat)	por qué	why

la portilla	gate	el rectángulo	rectangle
posar	to put (down)	la red	net
preguntar	to ask	redondo	round
el premio	prize	el regalo	present
la primavera	spring	la reina	queen
la princesa	princess	reír	to laugh
el profesor	teacher (m)	el reloj	watch, clock
la profesora	teacher (f)	el rey	king
profundo	deep	el río	river
la puerta	door	el robot	robot
el pulgar	thumb	la rodilla	knee
el pulpo	octopus	rojo	red
el puzle	jigsaw puzzle	la ropa	clothes
qué	what, which	rosa	pink
querer	to want	la rueda	wheel
el queso	cheese	el ruido	noise
quién	who	sábado	Saturday
el rabo	tail	saltar	to jump
la radio	radio	saltar a la pata coja	to hop
la radiografía	x-ray	saludar	to wave
la rana	frog	el sándwich	sandwich
rápido	fast	seco	dry
la rata	rat	el secreto	secret
el ratón	mouse	seis	six
recordar	to remember	la selva	jungle

septiembre	September	el teléfono	telephone
la serpiente	snake	la televisión	television
si	if	el tenedor	fork
siempre	always	la Tierra	Earth
siete	seven	el tigre	tiger
silencioso	quiet	la tijera	scissors
la silla	chair	la tinta	ink
la sirena	mermaid	tirar	to pull
sobre	on, about	la toalla	towel
el sofá	sofa	el tobillo	ankle
el sol	sun	todavía	yet
sólo	only	todo, toda, todos, todas	all
el sombrero	hat	tomar	to take
son	are	el tomate	tomato
sonreír	to smile	trabajar	to work
suave	soft	el trabajo	job, work
sucio	dirty	el tractor	tractor
el suelo	floor, ground	travieso	naughty
el supermercado	supermarket	el tren	train
susurrar	to whisper	tres	three
el tambor	drum	el triángulo	triangle
tan	so	triste	sad
la tarde	afternoon	el trozo	piece
la taza	cup	tú	you (singular)
el tejado	roof	una vez	once

Spanish	English	Spanish	English
uno	one	las verduras	vegetables
ustedes	you (plural)	el vestido	dress
la uva	grapes	viejo	old
la vaca	cow	viernes	Friday
vacío	empty	visitar	to visit
los vaqueros	jeans	vivir	to live
el vaso	glass	volar	to fly
el vecino	neighbor	la voz	voice
vender	to sell	el xilófono	xylophone
venir	to come	yo	I
la ventana	window	el yogur	yogurt
ver	to see	la zanahoria	carrot
el verano	summer	los zapatos	shoes
verde	green	el zorro	fox